Mundos de fantasía
Fábulas, cuentos de hadas y leyendas

Magdalena Andrade

Irvine Valley College

Jeanne Egasse

Irvine Valley College

McGraw-Hill College

Boston   Burr Ridge, IL   Dubuque, IA   Madison, WI   New York   San Francisco   St. Louis
Bangkok   Bogotá   Caracas   Lisbon   London   Madrid
Mexico City   Milan   New Delhi   Seoul   Singapore   Sydney   Taipei   Toronto

The *¡A leer!* Easy Reader Series

Mundos de fantasía: Fábulas, cuentos de hadas y leyendas
Cocina y comidas hispanas

McGraw-Hill College

A Division of The **McGraw·Hill** Companies

This is an ⌐EBI⌐ book.

Mundos de fantasía
Fábulas, cuentos de hadas y leyendas

6 7 8 9 0 QSR QSR 0 9 8 7 6

ISBN-13: 978-0-07-064729-9
ISBN-10: 0-07-064729-1

Editor-in-Chief: Thalia Dorwick
Senior sponsoring editor: William R. Glass
Developmental editor: Becka McGuire
Project manager: David Sutton
Production supervisor: Pam Augspurger
Designer: Francis Owens
Cover designer: Juan Vargas
Compositor: Carlisle Communications, Ltd.
Typeface: 11/13.5 Bodini #1
Printer: Book-mart Press, Inc.

Library of Congress Cataloging-in-Publication Data
Andrade, Magdalena.
    Mundos de fantasía : fábulas, cuentos de hadas y leyendas / Magdalena
  Andrade, Jeanne Egasse.
     p. cm. — (A leer! easy reader series)
    "This is an EBI book"—T.p. verso.
    ISBN 0-07-064729-1
    1. Spanish language—Readers—Legends.   2. Legends—Latin America.
3. Fairy tales—Translations into Spanish.   4. Fables—Translations
into Spanish. I. Egasse, Jeanne. II. Title. III. Series.
PC4127.L4A43   1998
468.6'421 —dc21
                                                        98-47899
http://www.mhhe.com
                                                         CIP

Contents

Preface

People have been telling each other stories for thousands of years. Some stories are told to delight and amuse, some to warn or frighten, others to serve as a lesson in conduct, and still others to explain natural or supernatural phenomena. Literature as we know it has come to us through the long history of oral storytelling.

One of the best ways to learn a new language is to read in that language. However, it is often difficult to find interesting materials appropriate for beginning students. For that reason we have chosen these fairy tales, fables, and legends—with their simple structure, frequently recurring elements, and unsophisticated language—to provide you with an accessible introduction to the joy of reading.

Organization of *Mundos de fantasía*

This reader is divided into two parts: **Fábulas y cuentos de hadas** (*Fables and Fairy Tales*) and **Leyendas** (*Legends*). Most of the stories in the first part should already be familiar to you, since they have come to the Spanish-speaking world from the European tradition. Thus, you will be able to focus on reading the story for pleasure without having to worry about not understanding the plot or the ending. The legends in the second part of the reader are simple tales specific to individual Hispanic countries or indigenous traditions. By reading them you will not only improve your reading skills and vocabulary knowledge, but also learn about traditions, cultures, and customs often very different from your own.

Preceding the first part, **Vocabulario útil** provides some of the vocabulary most frequently encountered in fairy tales, fables, and legends. You should read this list thoroughly and familiarize yourself with its contents before beginning the stories.

This is followed by **A ver si sabe...** , activities designed to test your knowledge of these genres and help prepare you for reading. Don't worry if you don't know all the answers; when you have finished reading *Mundos de fantasía,* you should be able to answer the questions.

Following the section on legends, a series of post-reading activities (**A ver, ¿qué aprendió?**) assesses your understanding of the stories. You will be amazed to see how well you can read in Spanish!

Vocabulario útil

el amor   love
asustar   to frighten
el aviso   warning
ayudar   to help
bello/a   beautiful
el beso   kiss
la bruja   witch
el caballo   horse
casarse (con)   to get married (to)
el castillo   castle
el cerdito   little pig
el cuento de hadas   fairy tale
cumplir (con)   to fulfill
de repente   suddenly
despedirse (i, i) (de)   to say good-bye (to)
el dios   god
la diosa   goddess
disfrutar (de)   to enjoy

embrujado/a   bewitched
enamorado/a (de)   in love (with)
el encanto   spell, enchantment
el engaño   deceit, trick
esconderse   to hide
la fábula   fable
la flecha   arrow
la flor   flower
gritar   to shout, cry out
el grito   shout, cry
había   there was/were
Había una vez...   Once upon a time . . .
Hace muchos años...   Many years ago . . .
el hada madrina   fairy godmother
la leyenda   legend

el lobo   wolf
llorar   to cry
la magia   magic
mágico/a   magic, magical
matar   to kill
morir (ue, u)   to die
la muerte   death
el oro   gold
el oso   bear
el palacio   palace
la princesa   princess
el príncipe   prince
la promesa   promise
prometer   to promise
proteger (j)   to protect
el ratón   mouse
la reina   queen
el reino   kingdom
el rey   king
salvar   to save

A ver si sabe...

A. Indique la letra del dibujo que corresponde a cada cuento de hadas o fábula.

Modelo: La Cenicienta __a__

1. ____ Caperucita Roja
2. ____ El príncipe rana
3. ____ El ratón del campo y el ratón de la ciudad
4. ____ El león y el grillito
5. ____ Los tres cerditos
6. ____ Ricitos de Oro

B. Llene los espacios en blanco con una de las palabras de la lista.

la ciudad	osos	una rana
el gato	perros	un sombrero
un lobo	la playa	una zapatilla

1. La Cenicienta pierde ____ cuando sale del gran baile.
2. ____ se come a Caperucita Roja y a su abuela.
3. Cuando la princesa le da un beso, ____ se convierte en un príncipe guapo.
4. Ricitos de Oro visita la casa de los tres ____.
5. El ratón del campo va a ____ para visitar a su primo.
6. ____ destruye la casa de dos de los tres cerditos.

C. Los tres tipos de cuento—fábula, cuento de hadas y leyenda—que usted va a leer en este texto son similares, pero con algunas diferencias importantes. En la **fábula** los protagonistas son animales que hablan y actúan como personas. Generalmente hay una moraleja, es decir, una lección práctica. En el **cuento de hadas,** aparece un ser fantástico con poderes (*powers*) mágicos; este cuento normalmente tiene un final feliz. Y en la **leyenda** se relatan eventos fabulosos como si fueran (*as if they were*) históricos, generalmente para explicar el origen o la existencia de algo.

Usando la Tabla de materias (*Contents*) como guía, indique cuáles de los siguientes cuentos son fábulas (**F**), cuáles son cuentos de hadas (**C**) y cuáles son leyendas (**L**).

1. ____ La gallinita roja
2. ____ El príncipe rana
3. ____ Los tres cerditos
4. ____ La Llorona
5. ____ Caperucita Roja
6. ____ Los árboles de flores blancas
7. ____ La Cenicienta
8. ____ El ratón del campo y el ratón de la ciudad
9. ____ La sabiduría de la llama
10. ____ Ricitos de Oro
11. ____ El león y el grillito
12. ____ La recompensa
13. ____ El conejo es el juez

D. Escriba el nombre de tres leyendas estadounidenses o de su país de origen. ¿Cuál es su leyenda favorita?

Fábulas y cuentos de hadas

La gallinita[0] roja
fábula

little hen

La gallinita roja rasca[1] el piso del granero[2] y encuentra unos granos de trigo.[3]

—Hay que plantar este trigo —dice—. ¿Quién quiere plantar estos granos de trigo?

—Yo no —dice el pato.[4]

—Yo no —dice el gato.

—Yo no —dice el perro.

—Entonces, lo voy a hacer yo —dice la gallinita roja y empieza a trabajar. Cuando el trigo crece[5] alto, la gallinita anuncia:

—El trigo está listo para la cosecha.[6] ¿Quién quiere cortarlo?

—Yo no —dice el pato.

—Yo no —dice el gato.

---

[1]scratches [2]barn [3]granos ... grains of wheat [4]duck [5]grows [6]harvest

—Yo no —dice el perro.

—Entonces, lo voy a hacer yo —dice la gallinita roja y empieza a trabajar. La gallinita roja termina de cortar el trigo y pregunta:

—¿Quién quiere desgranar[7] el trigo?

—Yo no —dice el pato.

—Yo no —dice el gato.

—Yo no —dice el perro.

—Entonces, lo voy a hacer yo —dice la gallinita roja y empieza a trabajar. La gallinita roja termina de desgranar el trigo y pregunta:

—¿Quién quiere moler[8] el trigo para hacer la harina[9]?

—Yo no —dice el pato.

—Yo no —dice el gato.

—Yo no —dice el perro.

—Entonces, lo voy a hacer yo —dice la gallinita roja y empieza a trabajar. Termina de moler el trigo y pregunta:

—¿Quién quiere ayudarme a hacer el pan[10]?

—Yo no —dice el pato.

—Yo no —dice el gato.

—Yo no —dice el perro.

—Entonces, lo voy a hacer yo —dice la gallinita roja y empieza a trabajar. Termina de hacer el pan y el aroma se esparce por[11] el granero. La gallinita dice:

—Hay que comerse el pan. ¿Quién quiere comerlo?

—Yo sí —dice el pato.

—Yo sí —dice el gato.

—Yo sí —dice el perro.

—¡No! —dice la gallinita—. Yo lo voy a comer. El pan es un premio[12] al trabajo y yo lo merezco.[13] ¡El pan, lo voy a comer yo!

---

[7]*to thresh* [8]*to grind* [9]*flour* [10]*bread* [11]*se... spreads throughout* [12]*reward* [13]*deserve*

Los tres cerditos
fábula

Los tres cerditos caminan juntos, hablando de construir sus casas. Los dos primeros son algo perezosos[1] y piensan construirlas[2] rápidamente para trabajar poco y tener tiempo para divertirse.[3] Llegan al lugar en que el camino se divide, se dicen adiós y cada uno toma su camino para buscar fortuna.

El primer cerdito se encuentra con[4] un hombre que lleva paja.[5]

—Por favor, señor, deme usted un poco de paja para construir mi casa —dice el primer cerdito. El hombre se la da y el cerdito construye su casa.

El segundo cerdito ve a un hombre que carga palos.[6]

—Por favor, señor, deme usted unos palos para construir mi casa —dice.

El hombre se los da y el cerdito construye su casa.

El tercer cerdito se encuentra con un hombre que lleva ladrillos.[7]

—Por favor, señor, deme usted algunos ladrillos para construir mi casa.

El hombre se los da y el cerdito construye una fuerte[8] casa de ladrillos con puerta de madera[9] y chimenea,[10] también de ladrillos.

Al poco tiempo llega el lobo.[11] Va a la casa del primer cerdito.

—¡Abra la puerta, cerdito! —le grita el lobo.

—¡No, no lo dejo entrar[12]! —le contesta el cerdito.

Entonces el lobo sopla[13] y sopla hasta que destruye las paredes de la casa de paja y se come al pobre cerdito. El lobo sigue su camino y llega a la casa de palos del segundo cerdito.

—¡Abra la puerta, cerdito! —le grita el lobo.

—¡No, no lo dejo entrar! —le contesta el segundo cerdito.

Entonces el lobo sopla y sopla hasta que destruye las paredes de la casa de palos y se come al pobre cerdito. El lobo sigue su camino y finalmente llega a la casa de ladrillos del tercer cerdito.

—¡Abra la puerta, cerdito gordo! —le grita ferozmente[14] el lobo.

—¡No, no lo voy a dejar entrar! —le contesta el tercer cerdito.

Entonces el lobo sopla y sopla y sopla pero no puede derribar[15] la casa de ladrillos. El lobo está furioso y decide meterse[16] por la chimenea. El lobo se

---

[1]algo... *somewhat lazy* [2]*build them* [3]*enjoy themselves* [4]*se... runs into* [5]*straw* [6]*carga... is carrying sticks* [7]*bricks* [8]*strong* [9]*wood* [10]*chimney* [11]*wolf* [12]¡No... *I won't let you in!* [13]*blows* [14]*ferociously* [15]*knock down* [16]*entrar*

sube al techo de la casa para bajar por la chimenea. Pero el cerdito corre y prepara una olla[17] de agua hirviendo[18] y la pone sobre el fuego en la chimenea. El lobo baja por la chimenea, cae en el agua hirviendo y así termina sus días.[19]

---

[17]*pot*   [18]*boiling*   [19]termina… muere

❊

Caperucita Roja[o]
cuento de hadas

Caperucita…
Little Red
Riding Hood

Caperucita es una niña generosa, alegre y simpática. Le gusta ir a casa de su abuela y pasear por el bosque.[1] Su mamá la llama Caperucita Roja porque le gusta llevar su caperuza[2] roja siempre.

Hoy Caperucita va a visitar a su abuelita, quien está enferma. Caperucita quiere llevarle fruta, pan y pasteles a su abuelita. Su mamá le prepara una canasta[3] con muchas cosas deliciosas y ella sale contenta hacia[4] la casa de su abuelita.

Su mamá se despide de ella en la puerta de su casa. Le dice:

—Hasta pronto, hija. Camina directamente a casa de la abuelita y no hables con nadie.

—Sí, mamá —dice la niña, contenta porque va a ver a su abuelita.

Es un día muy bonito. Hace sol y no hace frío. Hace muy buen tiempo. Caperucita ve unas flores lindas y decide cortar algunas para su abuelita. Cuando está cortando las flores un lobo la saluda.

—Buenos días, niña. ¿Cómo estás hoy?

—Muy bien, señor lobo —contesta Caperucita sin recordar el consejo[5] de su mamá. Contento con su respuesta, el lobo continúa:

—¿Adónde vas?

—Voy a casa de mi abuelita porque está enferma.

—¿Vive muy lejos tu abuelita?

—Sí, al otro lado del bosque —dice Caperucita—. Adiós, señor lobo. Tengo prisa.

---

[1]*forest*   [2]*hood*   [3]*basket*   [4]*toward*   [5]*advice*

—Adiós, niña. Saludos a tu abuelita.

El lobo se va corriendo por el bosque. Caperucita recoge su canasta y camina rápido a casa de su abuela. Llega y toca[6] a la puerta.

—Adelante, Caperucita —dice desde adentro una voz un poco extraña.[7] La puerta está abierta.

Caperucita entra y pone la canasta con las flores y la comida sobre la mesa. Luego va a saludar a su abuela con un beso. Cuando está cerca ve que la cara de su abuela está un poco diferente y le pregunta con curiosidad:

—Abuelita, ¿por qué tienes esos ojos tan grandes?

—Para verte mejor —contesta la misma voz un poco extraña.

—Y abuelita —dice Caperucita— ¿por qué tienes esas orejas tan grandes?

—Para oírte mejor, hijita —dice la voz.

—Ay, abuelita, ¿y por qué tienes esa boca tan grande?

—¡Para comerte mejor! —grita la misma voz, y el lobo, con la ropa de la abuelita, salta de la cama y se come a Caperucita Roja entera.[8]

—¡Mmm mmm, qué buen almuerzo doble! —dice el lobo y se va a la cama para dormir la siesta y hacer la digestión.

En la panza[9] del lobo Caperucita tiene miedo pero abre los ojos y, ¡qué sorpresa! ¡Encuentra allí a su abuela!

Las dos empiezan a gritar:

—¡Auxilio![10] ¡Socorro![11] ¡Auxilioooo! ¡Socorrooooo!

Un leñador[12] que pasa cerca de la casa escucha los gritos y entra rápidamente. Ve, en la cama de la abuela, al lobo dormido con las manos sobre su enorme panza. En ese momento escucha otra vez los gritos de la niña y de su abuela:

—¡Auxilio! ¡Socorro! ¡Auxilioooo! ¡Socorrooooo! ¡Por favor, queremos salir de aquí!

Sin esperar ni un momento más, el leñador mata al lobo dormido y le abre la panza. Caperucita y su abuela saltan fuera inmediatamente y le dicen:

—Muchas gracias, señor leñador, por salvarnos de ese horrible lobo.

El leñador y Caperucita Roja ayudan a la abuelita a volver a la cama y los tres comen el pan, la fruta, la miel[13] y el queso de la canasta de Caperucita. El leñador se lleva la piel[14] del lobo para hacerse una alfombra.

---

[6]*knocks* [7]*strange* [8]*se... swallows Little Red Riding Hood whole* [9]*estómago* [10]*Help!* [11]*Help!*
[12]*woodcutter* [13]*honey* [14]*fur, skin*

La Cenicienta°

La... *Cinderella*

cuento de hadas

Cenicienta, una joven bonita de unos dieciocho años, vive con su papá en una casa linda y grande, pero no es feliz. Su mamá ya murió y la segunda esposa de su papá, su madrastra,[1] que tiene dos hijas feas y antipáticas, vive en su casa también. Su papá quiere paz y armonía en la casa y no discute nunca[2] con su nueva esposa ni con sus hijastras.[3] Todas son crueles con Cenicienta.

Cenicienta pasa todo el día cocinando, lavando platos, barriendo, limpiando la chimenea. Nunca tiene tiempo para descansar. Ni siquiera[4] tiene tiempo para bañarse. Por esto y porque se llena de ceniza[5] cuando limpia la chimenea, todos la llaman Cenicienta. Su ropa está vieja y sucia, y ella casi siempre está cansada.

Un día un mensajero[6] del rey anuncia un gran baile en el palacio del rey. El príncipe quiere casarse y está buscando a la mujer perfecta. Todas las jóvenes del reino están invitadas. Cenicienta está muy contenta porque cree que ella también va a ir al gran baile. Trabaja rápido. Cocina, lava los platos, limpia los pisos, limpia la chimenea, lava y plancha la ropa. Por fin termina y va corriendo a bañarse. Pero sus dos hermanastras[7] se ríen y le dicen:

—Pero ¿adónde vas tú? Tú no tienes ropa apropiada[8] para un baile tan elegante en el palacio del rey. Además, mamá dice que no puedes ir porque tienes que ayudarnos a nosotras.

Muy triste, Cenicienta ayuda a sus hermanastras a vestirse, a peinarse y a maquillarse. Luego busca algo en su armario[9] pero sólo encuentra vestidos viejos y sucios.

Todas se van al baile y Cenicienta se acuesta cerca de la chimenea a descansar y a llorar. De repente, oye una música linda.[10] Abre los ojos y ve a un hada. Es su hada madrina. El hada tiene en la mano una varita mágica.[11] Le pregunta a Cenicienta por qué llora.

—Porque no tengo ropa para ir al baile en el palacio del rey.

—Pues, yo soy tu hada madrina y voy a darte el vestido más lindo del mundo —dice el hada y mueve su varita. Al momento aparece un vestido hermoso.

—Pero no tengo zapatos —dice Cenicienta.

El hada mueve su varita de nuevo y aparecen unas hermosas zapatillas[12] de cristal.

---

[1]*stepmother* [2]*no... he never argues* [3]*stepdaughters* [4]*ni... not even* [5]*se... she gets covered with ashes* [6]*messenger* [7]*stepsisters* [8]*appropriate* [9]*closet* [10]*bonita* [11]*varita... magic wand* [12]*slippers*

—Ahora —dice el hada— tráeme una calabaza[13] del jardín. Vas a necesitar un carruaje.[14]

Cuando Cenicienta regresa del jardín con la calabaza, encuentra al hada trabajando. Ve cómo convierte a varios ratones en caballos y al gato en un elegante cochero.[15] El hada mueve su varita mágica una vez más y Cenicienta queda vestida, peinada y maquillada a la última moda.[16]

Cenicienta sube al elegante carruaje y el hada se despide, diciéndole:

—Baila mucho, diviértete mucho, pero ¡cuidado! Tienes que regresar a medianoche. A las doce en punto mi magia va a terminar… Otra vez vas a estar sin zapatos y con tu vestido viejo y sucio al lado de una enorme calabaza mientras el gato corre detrás de los ratones.

—Gracias, madrina. Sí, voy a volver a medianoche. Adiós—. Cenicienta le da un beso a su hada madrina y se va en el carruaje.

Cuando llega al baile todos la miran con curiosidad. Es la joven más bonita de todo el salón. El príncipe inmediatamente abandona a su pareja[17] y la invita a bailar. Bailan toda la noche. Mientras baila con el príncipe, Cenicienta piensa que es el día más feliz de su vida. Está tan contenta que no ve el reloj. De repente, empiezan a sonar las campanadas del reloj:[18] tan, tan, tan, tan… y Cenicienta recuerda entonces su promesa a su hada madrina. Tan, tan, tan… continúan las campanadas. Cenicienta corre sin decirle nada al príncipe. Ella sale inmediatamente del salón y sube al carruaje, mientras una de las zapatillas queda allí, a la puerta del salón. Tan, tan, tan, tan… suena el reloj y Cenicienta llega a casa cuando ¡tan! suena la última campanada; la calabaza rueda[19] al lado de la casa y el gato corre detrás de los ratones.

Cenicienta entonces mira su ropa… Es su vestido sucio y viejo pero… ¡Qué increíble! Todavía tiene puesta en el pie izquierdo la otra zapatilla de cristal. Feliz, se acuesta junto a la chimenea para no sentir frío. Está dormida cuando regresan su madrastra y sus hermanastras comentando sobre la hermosa joven y el príncipe obviamente enamorado de ella.

Al día siguiente, el príncipe está muy triste. No sabe quién es la hermosa joven, no sabe su nombre, no sabe dónde vive. ¡No sabe nada de ella! De

---

[13]*pumpkin*   [14]*carriage*   [15]*coachman (driver)*   [16]a… *in the height of fashion*   [17]*partner*
[18]empiezan… *the clock begins to strike*   [19]*rolls*

repente ve allí, al lado de la puerta del salón, una zapatilla de cristal... ¡Es la zapatilla de ella!

Llama a su secretario y le dice:

—Por favor, visite inmediatamente todas las casas del reino hasta que encuentre a la dueña[20] de esta zapatilla.

El secretario sale con la zapatilla y toca en cada casa.[21] Todas las jóvenes saben que es la zapatilla de la bella joven del baile pero todas intentan ponérsela.[22] No, a nadie le queda bien.[23]

La noticia va pasando de boca en boca y llega a la casa de Cenicienta. Las hermanastras esperan emocionadas. Hablan y hablan; hacen planes para el futuro... Están seguras de que la zapatilla va a quedarles perfectamente. Cenicienta espera feliz, pero en silencio. Llega el secretario del rey. La primera hermanastra se prueba[24] la zapatilla: su pie es grande y gordo.

—Ay, ay, gmm, gmmmmm —dice ella mientras intenta meter[25] el pie en la pequeña zapatilla.

—Deja, deja —dice su hermana—. Tu pie es demasiado grande y gordo. El mío es delgado. A mí me toca ahora.[26]

Entonces, la otra hermana se prueba la zapatilla. —Grmmff, jrmf... ¡Ay, ay, mis dedos! —dice porque su pie es demasiado largo.

—No, señorita, es imposible —dice el secretario—. ¿No hay otra joven en la casa?

—Mmmm, sí, nuestra hermanastra —dicen las hermanas—, pero ella es muy fea y nunca sale de la casa. Siempre está limpiando.

—No importa —dice el secretario del príncipe—. Llámenla, por favor.

Cenicienta viene y se prueba la zapatilla. Naturalmente le queda perfectamente.

—¡Imposible! —gritan las hermanastras.

—Muy posible —dice el secretario e invita a Cenicienta a subir al carruaje del príncipe... con su vestido sucio y viejo pero con unas hermosas zapatillas de cristal, las cuales[27] le quedan perfectamente bien. En el carruaje el príncipe la recibe feliz. Dos meses después se casan y viven muy felices. Y... colorín, colorado, este cuento se ha acabado.[28]

---

[20]*owner* [21]*toca... knocks on the door of every house* [22]*intentan... try to put it on* [23]*No... It doesn't fit anyone.* [24]*se... tries on* [25]*poner* [26]*A... It's my turn now.* [27]*las... which* [28]*colorín... spit, spat, spout, this tale's told out (expression commonly used at the end of a fairy tale)*

Ricitos de Oro[0] y los tres osos
fábula

Ricitos… *Goldilocks*

Por la tarde, mamá osa preparó una rica sopa de verduras.[1] La puso sobre la mesa y dijo: —¡La sopa está servida![2]

Al momento llegaron papá oso y su hijo, pequeño y peludo.[3] Papá oso probó[4] la sopa y exclamó:

—¡Ay! ¡Esta sopa está demasiado caliente!

El oso pequeño probó la sopa y dijo:

—¡Ay, mamá! No puedo tomar la sopa. ¡Está muy caliente!

Mamá osa probó la sopa y asintió:[5]

—Sí, sí, la sopa está demasiado caliente. Vamos a dar un paseo[6] por el bosque y dejar la sopa enfriarse.[7]

A la casa de los tres osos llegó una niña, Ricitos de Oro, y tocó tres veces a la puerta. La puerta se abrió sola y Ricitos de Oro entró hasta el comedor. Encontró los platos de sopa servidos y primero probó la del plato grande. —¡Está demasiado caliente! —exclamó. Probó la del plato mediano—¡Ésta también está muy caliente! —dijo. Finalmente probó la sopa del plato pequeño y… estaba perfecta. ¡Se la tomó toda! —¡Qué sopa más deliciosa! —se dijo Ricitos de Oro.

Al terminar, la niña decidió caminar por la casa. Se sentó en una silla grande y dijo: —Esta silla es demasiado dura. Luego se sentó en la mediana, pero dijo: —Ésta es muy blanda.[8] Finalmente vio la pequeña silla amarilla del osito y exclamó: —¡Esta silla es perfecta! Pero al sentarse en la silla pequeña, la rompió.[9] Entonces Ricitos de Oro se sintió muy cansada. Fue a la recámara[10] y se acostó en la cama grande. Dijo: —¡Esta cama es demasiado grande! Luego se acostó en la cama mediana y dijo: —¡Esta cama también es muy grande! Finalmente se acostó en la cama pequeña y dijo:

—¡Esta cama sí es perfecta! Y allí durmió la siesta.

Los tres osos volvieron a casa y se sentaron a la mesa, listos para tomar su sopa. En este momento, papá oso exclamó:

—¡Alguien probó mi sopa!

—¡Y la mía! —dijo mamá osa.

—¡Y se comió toda la mía! —lloró el osito.

---

[1]vegetales   [2]en la mesa   [3]que tiene mucho pelo   [4]*tasted, tried*   [5]*agreed*   [6]dar… *take a walk*
[7]ponerse fría   [8]suave   [9]la… *she broke it*   [10]dormitorio

Decidieron buscar al «comesopas» por la casa. Vieron las sillas.

—¡Alguien se sentó en mi silla! —gritó papá oso.

—¡Alguien se sentó en la mía también! —dijo mamá osa.

—¡Alguien se sentó en mi silla y la rompió! —dijo el osito, llorando.

Subieron la escalera y papá oso exclamó:

—¡Alguien se acostó en mi cama!

—¡Y en la mía! —dijo mamá osa, enojada.

—¡Y en la mía, y aún[11] está ahí dormida! —gritó el osito, lleno de miedo.

Ricitos de Oro se despertó y, al ver a los tres osos, se levantó muy asustada, saltó por la ventana y corrió hacia el bosque. Desde la ventana, los osos la vieron desaparecer.[12]

Desde ese día, los tres osos siempre cierran la puerta de su casita con llave[13] cuando salen a pasear.

---

[11]*still* [12]*disappear* [13]*cierran... lock the door of their house*

El león y el grillito[o] *little cricket*
fábula

Hace muchos años, cuando solamente había animales e insectos en la tierra, el león era el rey de todos. Estaba convencido[1] de su superioridad. Era un rey cruel, arbitrario y orgulloso.[2] No tenía amigos. Un día, el león estaba aburrido y salió de su cueva[3] para llamar a todos los animales, incluyendo a los insectos. Salió dando rugidos[4] horribles:

—¡GRRRROOOOOOOOUUUUUUUUUU! ¿Dónde están todos? ¡Quiero charlar!

Cuando lo oyeron, todos corrieron a esconderse.[5] Todos, excepto un grillito. Él estaba muy ocupado cantando y trabajando en su jardín. El león entonces se le acercó[6] y rugió:

—¡GRRRR! ¿No sabes quién soy? ¿Por qué no me saludas? Voy a enseñarte a ser cortés... ¡Voy a matarte[7]! —dijo y levantó su enorme pata[8] para aplastar[9] al pobre grillito.

---

[1]*convinced* [2]*proud* [3]*cave* [4]*roars* [5]*to hide* [6]*se... approached him* [7]*kill you* [8]*pie de los animales* [9]*squash*

El grillito tenía tanto miedo que solamente temblaba[10] y temblaba y no decía nada. Entonces el león decidió divertirse un poco con él antes de matarlo. Le dijo:

—Para demostrarte que soy un rey justo y generoso, voy a darte una oportunidad de vivir. Vamos a hacer una carrera[11] de aquí a la montaña. Si tú ganas, voy a perdonarte. Pero si yo gano... ¡JA, JA, JA, GROUUUUUUUUU!

El grillito temblaba y temblaba. Sabía que la montaña estaba muy, muy lejos y él tenía mucho miedo.

—¿Listo?[12] —rugió el león—. Voy a contar hasta tres: Uuuunooooo, doooos yyyyyyy ¡TRES!

Pero en el momento en que el león empezó a correr, el grillito tuvo una idea brillante. Saltó a la cola[13] del león y de allí al lomo[14] y luego a la cabeza. El león corría y corría mientras que el grillito, sentado cómodamente[15] en su cabeza, descansaba y descansaba. De vez en cuando, el león miraba hacia atrás para ver si el grillito estaba cerca, pero no veía nada.

Finalmente llegaron al pie de la montaña. El león estaba muy cansado. Miró otra vez hacia atrás antes de echarse a descansar.[16] El grillito entonces saltó a una roca que estaba enfrente. Cuando el león vio que el grillito no venía, quiso subirse a la roca para declarar su victoria pero... ¡Qué sorpresa, allí estaba el grillito, fresco y descansado!

—¡Un momento, su majestad[17]! —dijo el grillito, sentado tranquilamente sobre la roca—. ¡Qué lento está usted hoy! ¡Y qué cansado se ve usted![18]

El león no podía creer lo que veían sus ojos. Exhausto y avergonzado,[19] se echó a descansar y a pensar. ¡Qué lección más valiosa aprendió el arrogante león esa tarde!

---

[10]solamente... *he could only tremble*   [11]*race*   [12]*Ready?*   [13]*tail*   [14]espalda de los animales
[15]confortablemente   [16]echarse... *lying down to rest*   [17]*majesty*   [18]se... *you look*   [19]*ashamed*

El príncipe rana° frog
cuento de hadas

Había una vez una princesita que tenía una pelota de oro.[1] Un día la pelota se le escapó y cayó en un pozo.[2] La princesita, sentada al lado del pozo, lloraba y lloraba. Estaba muy triste porque había perdido su pelota favorita. Entonces, una rana asomó la cabeza[3] entre las aguas del pozo.

—¿Por qué lloras, princesa? —le preguntó.

—Es que mi pelota está en el fondo[4] del pozo; es mi juguete[5] preferido y no puedo sacarlo —dijo la princesita, llorando—. Daría[6] todo lo que tengo por recuperar mi pelota de oro: mis joyas,[7] mis mejores vestidos, mis juguetes, todo.

—Yo puedo ayudarte a sacarla —dijo la rana— pero no quiero tus riquezas[8] ni tus juguetes sino que tú me ames, que me dejes vivir contigo, comer de tu plato de oro y dormir contigo en tu cama.

La princesa pensaba que aquello era una locura[9] pero, más que nada en el mundo, quería volver a jugar con su pelota de oro. Pensó unos minutos y luego le prometió a la rana cumplir con todo lo que le había pedido. La rana inmediatamente sacó la pelota de oro del pozo. En cuanto[10] se la dio, la

princesa, feliz, corrió con su juguete al palacio. Jugó toda la tarde y se olvidó por completo de su promesa a la rana.

Cayó la noche, y la princesa y su padre, el rey, cenaban cuando oyeron que alguien tocaba a la puerta.

—Ábreme, princesa. Tengo frío y hambre. ¡Cumple con tu promesa!

Intrigado, el rey preguntó quién era y de qué promesa hablaba. La princesita le contó todo y el rey, que era un hombre honrado,[11] le ordenó a la princesita que cumpliera con su promesa.

Por tres noches, la princesa vio horrorizada cómo la rana comía de su plato. Cada noche se acostaba de mal humor, con la rana feliz en su almohada. La mañana del cuarto día, la rana le dijo:

—Princesa, tú no estás contenta con mi presencia. Si tú me das un beso yo me voy al momento.

---

[1]pelota... *golden ball* [2]*well* [3]asomó... *poked his head up* [4]*bottom* [5]*toy* [6]*I would give* [7]*jewels* [8]*riches* [9]*craziness* [10]En... *As soon as* [11]*honesto*

La princesa no lo pensó. No quería ya ver a la horrible rana en su plato y en su cama. Cerró los ojos, arrugó[12] la nariz y le dio el beso. Para su sorpresa, al momento, la rana se convirtió en un joven apuesto,[13] con ropa de príncipe.

—Mil gracias, princesa —le dijo—. Me ayudaste a romper el encanto de la horrible bruja.

Se sentaron en el jardín y él le contó a la sorprendida princesa que un hada mala lo había embrujado[14] y lo había sentenciado a ser rana toda su vida, a menos que una princesa le permitiera comer de su plato y dormir en su cama, y que le diera un beso.

—¡Tú lo has hecho! Te amo profundamente y quiero casarme contigo. Quiero llevarte a mi reino donde viviremos felices para siempre.

La princesa no podía creer lo que sus ojos veían ni lo que sus oídos[15] oían, pero aceptó. Se casaron y vivieron muy felices en el reino del príncipe.

---

[12]*wrinkled*   [13]elegante   [14]*bewitched*   [15]*ears*

❀

El ratón del campo y el ratón de la ciudad
fábula

Había una vez dos ratones. Uno vivía en el campo y el otro en la ciudad. El ratón de la ciudad fue a visitar a su primo en el campo. El ratón del campo estaba muy contento con la visita de su primo. A la hora de la comida el ratón del campo sirvió la comida más exquisita. Sirvió semillas de cebada[1] tostadas, granos frescos de maíz, raíces[2] y agua pura del lago. El ratón de la ciudad probó aquí y allá, pero nada le gustó. Muy pronto mostró[3] su disgusto por la comida del campo.

---

[1]semillas... *barley seeds*   [2]*roots*   [3]*he showed*

Después de la comida los primos conversaron y el ratón de la ciudad le contó a su primo las maravillas de la vida de la ciudad. Luego se fueron a dormir sobre un colchón de paja.[4] Durante la noche el ratón del campo soñó[5] que era un ratón de la ciudad y que comía comida exquisita y vivía en una casa de lujo.[6] Por eso, cuando su primo lo invitó a ir a la ciudad con él, el ratón del campo aceptó inmediatamente.

Después de caminar mucho, llegaron a la hermosa casa donde vivía el ratón de la ciudad. En la mesa encontraron los restos de un banquete: pedazos de tocino[7] y fruta, quesos finos, un vasito de vino… los alimentos más sabrosos para un ratón. Cuando el ratón del campo estaba a punto de[8] comer un poco de queso, escuchó a un gato maullar[9] y rascar[10] la puerta. Los ratones, muy asustados,[11] se escondieron[12] en un lugar oscuro. Después de una larga espera, regresaron los dos al banquete. Cuando estaban comiendo, la puerta se abrió y entraron dos sirvientes para limpiar la mesa. Los ratones pensaron: «Tal vez no van a vernos y podemos comer un poco más…» Pero, ¡detrás de ellos venía el perro! Una vez más, los ratones corrieron a esconderse.

Cuando se fueron los sirvientes y el perro, el ratón de la ciudad dijo:

—Vamos, primo. Yo sé dónde hay más comida deliciosa.

Y empezó a caminar hacia la cocina. El ratón del campo no dudó[13] un momento. Recogió su sombrero y su saco y le dijo a su primo:

—Tú vives y comes elegantemente pero, sinceramente, prefiero mi comida sencilla[14] y la vida segura[15] del campo. Allí puedo disfrutar de paz[16] y tranquilidad.

Moraleja: Son mejores la pobreza[17] y la seguridad que la abundancia y la inseguridad.

---

[4]colchón… *straw mattress*   [5]*dreamed*   [6]*luxury*   [7]pedazos… *pieces of bacon*   [8]estaba… *was about to*   [9]hacer el sonido del gato   [10]*scratch*   [11]con mucho miedo   [12]se… *hid*   [13]no… *didn't hesitate*   [14]*simple*   [15]*safe*   [16]*peace*   [17]*poverty*

Leyendas

El conejo⁰ es el juez *rabbit*
leyenda maya

En los días de una terrible sequía,[1] los arroyos,[2] los lagos y los ríos se secaron. Los peces y las ranas no pudieron huir[3] a los arroyos distantes, ni a otros ríos o lagos, y se murieron. Un día, un niño que pasaba por un arroyo seco vio a un caimán moribundo,[4] sufriendo para respirar. Sin pensarlo dos veces, el niño lo puso en una red[5] y lo llevó a una charca[6] cerca de un río. Allí el caimán, poco a poco, se recuperó.

Tiempo después, el niño quiso nadar en la charca. En cuanto entró al agua, el caimán se preparó para comérselo. Cuando lo tenía ya entre sus dientes, le dijo:

—Voy a comerte porque tengo mucha hambre.

—Señor caimán —dijo el niño—, ¿no sabe quién soy yo? Durante la sequía horrible, yo le salvé la vida. Yo lo traje a esta charca, moribundo.

—Yo no sé de qué hablas —dijo el caimán—. No reconozco favores pasados. Sólo sé que tengo hambre y voy a comerte.

---

[1]*draught*   [2]ríos pequeños   [3]escaparse   [4]caimán... *dying alligator*   [5]*net*   [6]*pool, puddle*

—No, no —dijo el niño—. Los favores no deben olvidarse nunca.

Un conejo escuchó la conversación y ofreció intervenir como juez. Llamó a tres testigos:[7] el perro, el venado[8] y el caballo. El conejo dijo:

—Señor perro, ¿qué dice usted? ¿Quién tiene razón, el niño o el caimán?

—Pues —dijo el perro, muy serio—, este niño es hijo de un hombre... y el hombre en general es cruel. Me obliga a correr tras el venado. No le importa si estoy cansado ni si tengo que correr entre las espinas[9]... El hombre es malo.

El conejo escuchó al perro y luego miró al niño. El niño estaba preocupado. El conejo miró al venado y le preguntó:

—Y usted, señor venado, ¿qué dice? ¿Quién tiene razón?

El venado miró primero al niño, luego al perro y dijo lentamente:

—Sí, el hombre es cruel. Para él yo solamente soy comida. Obliga al perro a perseguirme. Tengo que estar siempre alerta, nunca puedo descansar: no puedo dormir ni de día ni de noche. El hombre significa insomnio y miedo para mí. Este pequeño pronto será hombre...

El conejo escuchó al venado y luego miró al niño. El niño estaba triste. El conejo miró al caballo y le preguntó:

—Y usted, señor caballo, ¿qué dice? ¿Quién tiene razón?

El caballo miró al niño, luego al venado y al perro y dijo:

—Mis hermanos tienen razón. El hombre me explota. Me hace trabajar todos los días y nunca me pregunta si estoy cansado o enfermo, si puedo llevar la carga[10] o no. Además, si no galopo tan rápido como él desea, me azota[11] y me insulta. El hombre es cruel y egoísta.

El conejo sentía compasión por el niño. El pobre niño tenía miedo y era muy pequeño. El conejo miró al caimán. Era bastante grande y estaba listo para devorar al niño. El conejo dijo:

—Bueno, soy el juez y quiero ser justo. Señor caimán, ¿por qué no me permite usted ver si es verdad lo que dice el niño? Él dice que lo salvó a usted pero yo no lo creo. A ver... ¿dónde está la red?

El niño saltó del hocico[12] del caimán y acercó[13] la red. El conejo juez dijo:

—Quiero ver exactamente todo lo que pasó.

El caimán, pensando en el delicioso banquete que le esperaba, se metió en la red y dijo:

—Rápido, chico. ¡Tengo hambre!

---

[7]*witnesses*   [8]*deer*   [9]*spines, thorns*   [10]*load, burden*   [11]*he whips*   [12]*boca de un animal*   [13]*brought*

Con mucho trabajo el niño cargó al caimán y lo llevó al arroyo seco.

—Bien —dijo el caimán—. Ahora llévame de nuevo a la charca porque tengo mucha hambre.

—No —dijo el niño— lo siento. Yo le salvé la vida una vez y usted no está agradecido.[14] Usted no sabe ser un buen amigo… Yo ya no quiero ser su amigo.

Y ante el asombro[15] de los otros animales el niño dejó el caimán en el arroyo seco y se fue al pueblo. Los otros animales tampoco querían ayudar al caimán y se subieron a un árbol para mirarlo caminar lentamente hacia el río. Hasta hoy, ningún animal se acerca al caimán porque todos saben que no es un buen amigo.

---

[14]*grateful* [15]sorpresa

❀

La sabiduría° de la llama
leyenda incaica

wisdom

Hace años y años en la alta sierra de los Andes, vivían un hombre, su mujer y sus tres hijos. Vivían en una casa humilde,[1] y se dedicaban al trabajo diario de cultivar la comida con la ayuda de una llama. Trataban a la llama con mucho cariño.[2]

Todos los días iban a cultivar la tierra y la llama llevaba las herramientas[3] necesarias y hasta el agua para regar[4] las papas, el maíz, el tomate y la calabaza que crecían en su huerta.[5] En la temporada de la cosecha[6] la familia cargaba a la llama de[7] maíz y papas mientras que el hombre, su mujer y los niños llevaban el resto. Todas las tardes el padre llevaba a su amiga, la llama, al prado[8] para que comiera buen pasto.[9] Pero un día cuando llegaron al prado, la llama no quiso comer. El hombre le preguntó:

—¿Por qué no comes, llama mía?

Pero la llama sólo lo miró con sus grandes ojos tristes y no le contestó.

Al día siguiente el hombre llevó a la llama a otro prado donde el pasto era más tierno,[10] pero ese día la llama tampoco quiso comer. Por una semana el hombre llevó a su querida llama a varios lugares buscando buen pasto. Su

---

[1]pobre [2]amor [3]*tools* [4]*water* [5]jardín [6]temporada… *harvest time* [7]cargaba… *loaded the llama with* [8]*meadow* [9]*grass* [10]nuevo y suave

corazón se llenó de un gran miedo porque la llama no comía y él temía que se muriera[11] de hambre. La vida de su familia dependía de la llama y no podía perderla.

Por fin, el séptimo día, mientras el hombre acariciaba[12] a la llama, la llama alzó[13] la cabeza y le habló.

—No puedo comer porque estoy muy triste —dijo la llama—. Mamacocha, la diosa del mar, va a inundar[14] la tierra y todos los seres humanos y los animales se ahogarán.[15]

—¿Cómo podemos salvarnos? —gritó el hombre.

—Sólo si vamos a la montaña más alta de los Andes, el pico[16] de Huascarán, podemos salvarnos —contestó la llama.

El hombre corrió a casa y le contó a su mujer lo que la llama le había dicho. Decidieron hacerle caso[17] a la llama y juntaron[18] comida, ropa gruesa contra el frío, semillas[19] de maíz y papas para sembrar[20] y salieron, camino a Huascarán.

Habían caminado medio día cuando se encontraron con dos lobos. La llama les dijo:

—Mamacocha está enojada y va a inundar el mundo. Vamos al pico de Huascarán. Acompáñennos.

Los lobos reconocieron la sabiduría de la llama inmediatamente y la siguieron. Esa misma tarde se encontraron con un grupo de alpacas y la llama les habló:

—Mamacocha está enojada y va a cubrir la tierra de agua. Vengan con nosotros al pico más alto, donde las aguas no llegarán.

Las alpacas también respetaban a la llama y la siguieron en su camino. Caminaron hasta muy tarde por la noche, cuando por fin, agotados[21] por el viaje, se acostaron.

Al día siguiente, al levantarse el sol, ya se veían las aguas de Mamacocha que empezaban a subir y a cubrir los llanos.[22] Después de un rato se encontraron con una familia de marmotas.[23] La llama les habló:

—¿No ven? Las aguas de Mamacocha van a inundar el mundo. Sálvense; vengan con nosotros al pico más alto de las montañas.

Las marmotas no vacilaron[24] en seguir a la llama. Más tarde dos mariposas[25] se posaron[26] en el hombro de uno de los niños.

—¿No ven las aguas que nos siguen? Pronto no va a haber tierra en el mundo. Mamacocha va a inundar el mundo de agua. Vengan con nosotros —les gritó la llama.

---

[11]que... *that she* [*the llama*] *would die* [12]*tocaba suavemente* [13]*raised, lifted* [14]*flood* [15]se... *morirán en el agua* [16]*parte más alta de una montaña* [17]hacerle... *to pay attention* [18]*they gathered* [19]*seeds* [20]*plantar* [21]*muy, muy cansados* [22]*plains* [23]*marmots* [24]no... *didn't hesitate* [25]*butterflies* [26]se... *landed*

Por todo lo largo del camino se toparon con[27] otros animales: una familia de zorros,[28] una zarigüeya madre y su cría,[29] unos mapaches,[30] un enjambre de abejas,[31] dos pavos, una familia de coyotes, cinco conejos, un par de serpientes y tres ratones. Al oír la advertencia[32] de la llama, todos se unieron al grupo y siguieron caminando hasta el pico más alto. Las aguas de Mamacocha seguían creciendo y ya cubrían los llanos y las colinas.[33] Los animales se dieron prisa para llegar al pico de Huascarán y salvarse. Los últimos en unirse al grupo fueron dos cóndores. Ahora las aguas subían rápidamente y el cielo se oscureció[34] y la llama les gritó a todos:

—¡Corran, corran!

Todos corrieron para llegar al pico. Al último instante, cuando todos estaban a salvo[35] en lo alto de la montaña, las aguas llegaron y les salpicaron las patas.[36]

Ya era de noche y todos estaban tan cansados que se durmieron, amontonados,[37] apoyándose unos contra los otros. Pasaron una noche muy fría y oscura en la cima[38] de la montaña. Cuando por fin Inti,[39] el sol, apareció, vieron que las aguas retrocedían y las tierras se secaban.

—Pero, ¿dónde están nuestros amigos los cóndores? —gritaron todos—. Han perdido el camino.

De repente una niña les gritó:

—¡Miren, miren, están allá con Inti!

Y todos alzaron la vista para ver los dos cóndores volando con el sol. Aún hoy los cóndores pasan su vida deslizándose[40] por los aires, al lado del sol.

Así la llama salvó a todos los animales y al hombre. Los que se salvaron llegaron a poblar[41] todas las regiones de los Andes. Por eso la llama se considera el animal más sabio[42] de los Andes y el protector de los seres humanos, y todas las familias llevan a sus llamas a los prados más verdes para que coman del pasto más tierno y delicioso.

---

[27]se... *they bumped into*   [28]*foxes*   [29]zarigüeya... *mother possum and her brood*   [30]*raccoons*
[31]enjambre... *swarm of bees*   [32]*warning*   [33]*hills*   [34]se... se puso negro   [35]a... seguros   [36]les...
splashed their paws   [37]*piled up*   [38]*peak*   [39]dios inca del sol   [40]*gliding*   [41]*populate*
[42]inteligente

La Llorona°   *Weeping Woman*
leyenda mexicana

Todos los niños mexicanos han oído hablar de la Llorona. La leyenda ha existido, con varias adaptaciones, desde antes de la conquista de México por los españoles. Algunos historiadores identifican a la Llorona con Cihuacóatl o con Cihuapipiltin, diosas aztecas; otros, con la Malinche, intérprete y amante de Hernán Cortés, el conquistador de México.

Había una vez una bella mujer que vivía sola con sus tres hijos. Su marido[1] los había abandonado. Ella siempre estaba triste y de mal humor porque le parecía injusto tener que trabajar tanto para vestir y alimentar[2] a los tres niños. Un día conoció a un hombre y muy pronto se casó con él. El hombre tenía un poco de dinero, suficiente para él y su nueva esposa, pero no para mantener[3] también a los tres niños. Además, no quería trabajar: prefería divertirse y comer bien. Los niños eran un obstáculo para él. Poco a poco convenció a la mujer de que los matara.

Ella no quería matar a sus hijos, pero estaba profundamente enamorada de este hombre y no quería perderlo. Después de pensar durante varios días sobre cómo hacerlo, decidió ahogarlos.[4] Un día, después de varias tormentas, los llevó al río diciéndoles que iba a ser muy divertido nadar y luego merendar a la orilla[5] del río. En realidad, su intención era ahogarlos. Primero llamó al mayor y lo llevó a un lugar peligroso del río que en esos días llevaba mucha agua. Muy pronto el niño se cansó de nadar y no pudo salir.

Ella regresó a la orilla y le dijo al niño mediano que buscara a su hermano, que estaba en lo más hondo[6] del río. El niño, obediente, nadó hacia el lugar peligroso donde su hermano había desaparecido y lo buscó. El agua estaba muy fría y la corriente[7] allí era muy fuerte, así que pronto el niño se cansó y no pudo seguir nadando.

Cuando la mujer vio que se hundía,[8] tomó al más pequeño y lo llevó al mismo lugar peligroso. Diciéndole que esperara allí a sus hermanos, lo abandonó también.

Ella regresó a su casa y, por unos meses, vivió feliz con su marido. No tenían problemas de dinero, ni tenían que trabajar. Los dos se divertían, descansaban, comían y bebían todo el día. Ella pensaba que ahora sí era feliz; estaba segura de que nadie la había visto matar a sus hijos y que podía vivir tranquilamente.

---

[1]*esposo*   [2]*feed*   [3]*maintain, support*   [4]*to drown them*   [5]*shore, bank*   [6]*lo... the deepest part*
[7]*current*   [8]*se... he was sinking*

Pero un día, ella se enfermó y murió. Cuando llegó a la puerta del cielo,[9] Dios le preguntó quién era y por qué iba sola. Ella le dijo:

—Soy una pobre mujer sola; no tengo a nadie.

Pero Dios le dijo: —¿Dónde están tus hijos? Yo te di tres hijos. Vuelve al mundo a buscarlos. No puedes entrar al cielo hasta que los encuentres.

Desde ese día, ella anda[10] por todas partes buscándolos. Sale por las noches, vestida de blanco, gritando y llorando:

—¡Aaayyyy, mis hijos! ¿Dónde estarán ahora mis hijitos?

Dicen que cuando los niños andan en la calle por la noche, ella trata de agarrarlos[11] para llevárselos, pues necesita enseñarle tres niños a Dios. También dicen que ya ha atrapado a dos y sólo necesita uno más...

---

[9]*heaven* [10]*camina* [11]*grab them*

Los árboles de flores blancas
leyenda azteca

La cultura zapoteca de Oaxaca duró más de mil años. Durante los últimos años de su existencia, los zapotecas tuvieron que defenderse varias veces de los aztecas. Cuenta la leyenda que una vez Cosijoeza, el justo y noble joven rey de Oaxaca, se atrevió a enfrentarse[1] al terrible rey azteca Ahuízotl. Este rey quería hacer de Tenochtitlán, la capital azteca, la ciudad más bella del mundo. Sabía que en Juchitán, la capital del reino zapoteca, había unos árboles de hermosas flores blancas y quería obtener algunos. Mandó a sus emisarios a pedir los árboles. Cosijoeza no tenía confianza en los aztecas, pues éstos siempre estaban tratando de conquistar los reinos de los alrededores. Pensó que todo era un engaño y, de manera terminante,[2] les dijo a los emisarios del rey azteca:

—No. Díganle a su rey que no voy a permitirles llevarse un solo árbol.

---

[1]se... *dared to confront* [2]de... *definitively*

Los emisarios se fueron amenazando:[3]

—No quisiste aceptar los ruegos[4] de nuestro rey, así que nuestros guerreros[5] van a conquistar a los zapotecas. Entonces nosotros vamos a tener TODOS los árboles de flores blancas.

Al oír esto, Cosijoeza llamó a sus guerreros y se preparó para defender su reino. Día y noche se prepararon y, cuando los guerreros aztecas llegaron, los valientes zapotecas los vencieron[6] en pocas horas.

Ahuízotl recibió la noticia de la derrota[7] en Tenochtitlán. Comprendiendo que iba a ser difícil obtener los árboles de flores blancas, decidió usar su astucia.[8] Llamó a Coyolicatzín, su hermosa hija, y le dio una ardua[9] y peligrosa misión. Le explicó con cuidado lo que tenía que hacer. Le dijo:

—Hija, quiero que vayas a Juchitán y busques al rey. Cuando lo encuentres, ponte tu ropa más hermosa y coquetea[10] con él. Quiero que él se enamore de ti.

La princesa, acompañada por sus criados,[11] salió en secreto hacia Oaxaca. Después de un viaje largo y difícil llegaron a Juchitán, también en secreto. Pasaron varios días. Un día, el rey Cosijoeza paseaba por el bosque cuando vio a una hermosa mujer.

—¿Quién eres, bella joven? —le preguntó Cosijoeza con interés.

—Soy una mujer infeliz que busca su felicidad en tierras desconocidas —le dijo la hija del rey azteca.

—¿Qué puedo hacer por ti? —le preguntó el rey de los zapotecas.

La princesa no contestó y tampoco cambió su expresión triste. Cosijoeza entonces decidió llevarla a su palacio, sin saber que ése era precisamente el plan de los aztecas. Ella aceptó aparentemente sin interés y pasó unas semanas con Cosijoeza y la madre de éste. Muy pronto Cosijoeza se enamoró de la hermosa joven triste. La princesa se dio cuenta[12] y se puso feliz al ver que los planes de su padre tenían éxito. Con cara triste, le dijo a Cosijoeza que tenía que irse. Cosijoeza entonces le declaró su amor diciendo:

—Hermosa princesa, estoy enamorado de ti. Quiero que te quedes aquí en Juchitán y te cases conmigo.

La princesa continuó fingiendo[13] tristeza. Le dijo que era imposible y le confesó que era hija de su enemigo, el azteca Ahuízotl. Sorprendido y preocupado, Cosijoeza le dijo:

—Vuelve a Tenochtitlán pero no hables con tu padre. Mis emisarios van a hablar con él.

---

[3]*threatening* [4]*pleas* [5]*warriors* [6]*conquered, vanquished* [7]*defeat* [8]inteligencia [9]difícil
[10]*flirt* [11]sirvientes [12]*se... realized* (it) [13]*feigning, pretending*

En Tenochtitlán Ahuízotl recibió contento a su hija y le habló de la segunda parte de su plan. Le dijo:

—Coyolicatzín, hija, necesito tu ayuda. Sí, cásate con el rey zapoteca porque así vas a poder informarme de los secretos de los zapotecas, de los planes de sus ejércitos,[14] del lugar de sus fortificaciones, del secreto de sus flechas envenenadas.[15] Quiero que les digas todo lo que descubras a mis emisarios. Así voy a poder conquistar a los zapotecas y tener los árboles de las hermosas flores blancas en las avenidas de mi hermosa Tenochtitlán. Cuando termines tu misión, vas a poder casarte con uno de nuestros nobles jóvenes aztecas y ser feliz.

Cosijoeza y Coyolicatzín, la hermosa princesa, se casaron muy pronto y ella empezó a espiar y conseguir la información que su padre quería. Pero entonces sucedió algo increíble... ¡Coyolicatzín descubrió que amaba a su esposo Cosijoeza y a los zapotecas!

El día que iba a revelarles a los emisarios de su padre, el azteca Ahuízotl, el secreto de las flechas envenenadas, Coyolicatzín sintió que no podía traicionar[16] más a los zapotecas y a su rey. Llorando, habló con su esposo y le confesó su terrible engaño. Cosijoeza, con su nobleza típica, la perdonó y, lleno de felicidad, envió inmediatamente cien árboles de flores blancas a Tenochtitlán. Así Coyolicatzín pudo quedarse para siempre en Juchitán y Ahuízotl también quedó contento.

---

[14]*armies*   [15]*flechas... poison arrows*   [16]*betray*

La recompensa[0]   *reward*
leyenda guaraní

En tiempos lejanos[1] los dioses bajaban a la tierra a disfrutar de las bellezas naturales, los bosques, los ríos, los lagos, los árboles y las flores. La diosa Luna y la diosa Nube preferían los bosques de los guaraníes.[2] Bajaban del cielo por la mañana y, tomando la forma de dos humildes mujeres indígenas, pasaban el día jugando, corriendo, bañándose y cortando flores. Cuando empezaba a oscurecer, tomaban su forma celestial y regresaban al cielo.

---

[1]*distant*   [2]indígenas de Paraguay y otras regiones que limitan con este país

Un hermoso día, las diosas se olvidaron del tiempo. Jugaron, saltaron, corrieron y se bañaron en las cristalinas aguas del río. De repente, la diosa Luna vio que caía la noche. Quiso subir al cielo inmediatamente para cumplir con su deber[3] pero la diosa Nube quería cortar unas orquídeas.[4] Cuando las dos caminaban hacia las flores, un tigre enorme y feroz corrió hacia ellas. El miedo las congeló[5] y no pudieron moverse ni pensaron en tomar su forma celestial. El tigre, ya cerca de ellas, se preparó para atacarlas con las fauces[6] abiertas, pero no pudo saltar pues una flecha le hirió[7] una de las patas traseras.[8] De entre los arbustos,[9] salió un indígena guaraní y les gritó a las diosas:

—¡Corran, sálvense!

Pero las diosas, quienes seguían petrificadas, no se movieron. El tigre se levantó y se acercó a ellas rugiendo. Las diosas gritaron y el indígena corrió a protegerlas. Las cubrió con su cuerpo y luego disparó[10] de nuevo. Esta vez la flecha le atravesó[11] el corazón al tigre. Ya estaba totalmente oscuro cuando el tigre cayó muerto; la luna rápidamente tomó su lugar en el cielo.

El indígena, satisfecho con su buena obra, se subió a un árbol para dormir a salvo de los tigres. En su sueño, vio que la luna le decía:

—Hoy has arriesgado[12] la vida para salvarnos a mi amiga y a mí. En agradecimiento,[13] voy a darte un regalo que tú y los tuyos[14] disfrutarán para siempre. Mañana debes regresar al lugar preciso donde nos salvaste del feroz tigre. Allí vas a encontrar una hermosa planta que nunca has visto. Llámala *yerba mate*.[15] Toma sus hojas y, después de tostarlas, podrás hacer un maravilloso té con ellas. Este té les dará a ti y a los tuyos fuerza y calmará su hambre y su sed.

A la mañana siguiente, el indígena fue al lugar indicado por la diosa y encontró una planta de hojas frescas y brillantes. Tomó algunas y se las llevó al jefe de su tribu. Le contó lo sucedido[16] el día anterior. El jefe entonces tostó las hojas y preparó el té. Cuando estuvo listo, toda la tribu lo bebió. Al momento todos sintieron una gran energía.[17] Se dieron cuenta, también, de que no sentían ni hambre ni sed, como había prometido la diosa. Entonces ellos también quisieron demostrar su agradecimiento. Esa noche, todos le ofrecieron sus cantos y sus bailes a la diosa Luna.

---

[3]*obligation, duty*   [4]bellas flores tropicales   [5]*froze*   [6]*jaws*   [7]*wounded*   [8]patas... piernas de atrás de un animal   [9]*shrubs, bushes*   [10]*shot*   [11]*pierced*   [12]*risked*   [13]En... Para darte las gracias   [14]tú... *you and yours*   [15]yerba... nombre de una planta indígena originaria del Cono Sur   [16]lo... *what had happened*   [17]Hasta hoy, en los países de Argentina, Uruguay y Paraguay, el té llamado *yerba mate* es una bebida muy popular.

A ver, ¿qué aprendió?

A. Comprensión. Empareje el cuento con la descripción.

DESCRIPCIONES

1. _____ Es mejor trabajar y estar preparado.
2. _____ Un animal muy inteligente salva a personas y animales de una inundación.
3. _____ Una mujer no puede entrar al cielo porque mató a sus tres hijos.
4. _____ Un rey se enamora de la hija de su enemigo y decide tratarlo con amistad.
5. _____ La paz y la tranquilidad valen más que la riqueza.
6. _____ Las apariencias pueden engañar.
7. _____ Alguien que no sabe ser amigo es un enemigo de verdad.
8. _____ La diosa Luna le regala un té especial a un indígena.
9. _____ La inteligencia vale tanto como la fuerza.
10. _____ Una joven entra en una casa abierta en el bosque y sorprende a la familia que vive allí.
11. _____ Los que trabajan duro merecen disfrutar del premio de su trabajo.
12. _____ Debemos seguir el consejo de nuestros padres de ser prudentes y no hablar con desconocidos.
13. _____ Una joven pobre pero buena impresiona a un príncipe y llega a ser princesa.

CUENTOS

a. La gallinita roja
b. Los árboles de flores blancas
c. El ratón del campo y el ratón de la ciudad
d. El príncipe rana
e. Caperucita Roja
f. El león y el grillito
g. Ricitos de Oro
h. La recompensa
i. La Cenicienta
j. La sabiduría de la llama
k. Los tres cerditos
l. El conejo es el juez
m. La Llorona

B. Fábulas y cuentos de hadas

1. Describa dos temas que se encuentran en los siguientes cuentos de hadas:

   La Cenicienta, Ricitos de Oro, Caperucita Roja, El príncipe rana.

2. Identifique y explique la moraleja de dos de estas fábulas: La gallinita roja, Los tres cerditos, El león y el grillito, El ratón del campo y el ratón de la ciudad.

3. Compare y contraste dos de estos personajes de las fábulas: la gallinita roja, el primer cerdito, el tercer cerdito, el grillito, el león, el ratón de la ciudad, el ratón del campo.

4. Compare uno de los cuentos de hadas o fábulas de este texto con otro cuento de hadas o fábula que usted conoce, por ejemplo: La Bella Durmiente, La bella y la bestia, Blancanieves, Juan y las semillas mágicas, La princesita y el guisante, La zorra y las uvas.

C. Leyendas

1. Compare y contraste una de las leyendas de este texto con una leyenda que usted conoce. No se olvide de escribir el título de ambas, describir a los personajes y dar un breve resumen de la acción.

2. Escoja una de las leyendas que leyó y escríbale un final distinto. Diga si usted prefiere el fin tradicional o el inventado y explique por qué.

Vocabulario

This Spanish-English vocabulary contains all of the words that appear in the reader, with the following exceptions: (1) most close or identical cognates; (2) most conjugated verb forms; (3) diminutives ending in -ito/a; (4) absolute superlatives ending in -ísimo/a; and (5) most adverbs ending in -mente. Only the meanings used in this reader are given.

The gender of nouns is indicated, except for masculine nouns ending in -o and feminine nouns ending in -a. Stem changes and spelling changes are indicated for verbs: **dormir (ue, u); llegar (gu).**

The following abbreviations are used:

adj.	adjective	*m.*	masculine
adv.	adverb	*n.*	noun
coll.	colloquial	*obj. of prep.*	object of preposition
conj.	conjunction	*pl.*	plural
f.	feminine	*pol.*	polite
fig.	figurative	*poss.*	possessive
inf.	informal	*p.p.*	past participle
infin.	infinitive	*pron.*	pronoun
interj.	interjection	*sing.*	singular
inv.	invariable	*v.*	verb
irreg.	irregular		

a to; at; **a la(s)** at (*time*); **a menos que** unless; **a salvo** safe, out of danger; **a salvo de** safe from
abeja bee
abierto/a (*p.p. of* **abrir**) open; opened
abrir (*p.p.* **abierto**) to open
abuelo/a grandfather/grandmother; *m. pl.* grandparents
aburrido/a boring; bored
acabar to finish; **acabar de** (+ *infin.*) to have just (*done something*)
acariciar to caress
acercarse (qu) (a) to approach, come near

acostarse (ue) to go to bed
acuerdo agreement; **estar de acuerdo** to agree
adelante *interj.* come in
además moreover, furthermore
adentro inside, within
¿adónde? where?
advertencia warning
agarrar to grab
agotado/a exhausted
agradecimiento gratitude
agua *f.* (*but* **el agua**) water
ahí there

ahogar to drown
ahora now
al (*contraction of* **a** + **el**) to the; **al** (+ *infin.*) upon (*doing something*); **al final de** at the end of; **al lado de** next to; **al poco tiempo** in a little while
alegre happy
alfombra rug; carpet
algo something
alguien someone
algún, alguno/a some; any
alimentar to feed; to nourish
alimento nourishment; food

allá (over) there
allí there
almohada pillow
almuerzo lunch
alrededores *m. pl.* outskirts
alto/a tall; high
alzar (c) to raise; alzar la vista to look
    up, raise one's eyes
amante *m., f.* lover
amar to love
amarillo/a yellow
amenazar (c) to threaten
amigo/a friend
amistad *f.* friendship
amontonado/a piled up, accumulated
amor *m.* love
andar *irreg.* to walk; to wander
ante before, in front of, in the presence of
antes *adv.* before; antes de *prep.* before
antipático/a mean
año year; hace años years ago
aplastar to flatten
apoyar to support
aprender to learn
apuesto/a dashing
aquel, aquella *adj.* that (over there);
    pron. that (one) (over there)
aquello *pron.* that; that thing; that fact
aquí here; aquí mismo right here; por
    aquí around here
árbol *m.* tree
arbusto bush, shrub
armario closet
arriesgar (gu) to risk
arroyo stream, brook
arrugar (gu) to wrinkle
asentir (*like* sentir) to agree
asesinato murder, assassination
así thus, so, that way, this way; así que so
    (that), with the result that
asomar to stick (*something*) out/up
astucia cunning, astuteness
asustar to scare
atrás: de atrás *adj.* back; hacia atrás
    adv. back, backward
atravesar (ie) to cross; to penetrate
atreverse a (+ *infin.*) to dare to (*do
    something*)
aun *adv.* even
aún still, yet
¡auxilio! *interj.* help!
avergonzado/a embarrassed
aviso warning
ayuda help
ayudar to help
azotar to whip
bailar to dance
baile *m.* dance
bajar to descend, go down

bañarse to bathe
barrer to sweep
bastante *adv.* rather, quite
beber to drink
belleza beauty
bello/a *adj.* beautiful; *n. f.* beauty,
    beautiful woman
beso kiss; dar un beso to (give a) kiss
bien *adv.* well; bien + *adj.* very + *adj.*;
    bien, gracias *interj.* fine, thanks; estoy
    bien I'm fine
blanco/a white; espacio en blanco blank
    (space)
blando/a soft, tender
boca mouth
bonito/a pretty
bosque *m.* forest
bruja witch, sorceress
buen, bueno/a good; buenos días good
    morning; hacer buen tiempo to be nice
    weather
bueno... *interj.* well . . .
buscar (qu) to look for
caballo horse
cabeza head
cada *inv.* each; every; cada uno/a each one
caer *irreg.* to fall
calabaza pumpkin; gourd
caliente hot
calle *f.* street
cama bed
cambiar to change
caminar to walk
camino road
campanada peal (*of a bell*); stroke (*of a
    clock*)
campo countryside; del campo *adj.*
    country
canasta basket
cansarse to get tired
cantar to sing
caperuza hood
capítulo chapter
cara face
carga cargo; load
cargar (gu) to load; to carry, haul
cariño affection; endearment
carrera race
carruaje *m.* carriage
casa house; casa de paja (palos) straw
    (stick) house
casarse to get married
caso: hacerle caso to pay attention (*to
    someone*)
castillo castle
cebada barley
cenar to have dinner
ceniza ash
cerca *adv.* nearby; cerca de near, close to

cerdo pig
cerrar (ie) to close
cerro hill
césped *m.* lawn, grass
charca pool, pond
charlar to chat
chico/a young man/young woman
cielo sky; heaven
cien, ciento one hundred
cierto/a certain; true
cima top, summit
cinco five
ciudad *f.* city
cochero coachman
cocina kitchen
cola tail
colchón *m.* mattress
colina hill
comenzar (ie) (c) to begin
comer to eat; dar de comer to feed
comesopas *m., f. sing., pl.* soup eater (*coll.*)
comida food; meal; a la hora de la
    comida at mealtime
como as; as a; like; since; tan... como as
    . . . as; tanto como as much as
¿cómo? how?
cómodamente *adv.* comfortably
comprender to understand
con with; con cuidado with care,
    carefully; con frecuencia frequently
conejo rabbit
congelar to freeze
conmigo with me
conocer (zc) to know; to meet
conseguir (*like* seguir) to obtain, get
consejo advice
contar (ue) to tell, narrate
contento/a happy
contestar to answer
contigo with you (*inf. sing.*)
contra against
convencer (z) to convince
convertir (ie, i) to change; convertirse en
    to become
coquetear to flirt
corazón *m.* heart
correr to run
cortar to cut
cosa thing
cosecha crop, harvest
crecer (zc) to grow, grow up
creer (y) to believe; to think
cría brood
criado/a servant
cristal *m.*: zapatilla de cristal glass slipper
cristalino/a crystal clear
¿cuál? what?, which?
cuando when; de vez en cuando from
    time to time

¿cuándo? when?

cuanto *adv.*: **en cuanto** as soon as

¿cuánto/a? *adj.* how much?

¿cuántos/as? *pl.* how many?

cuarto/a fourth

cubrir (*p.p.* **cubierto**) to cover

cuenta: darse cuenta (de) to realize

cuento story; **cuento de hadas** fairy tale

cuerpo body

cuidado care; **con cuidado** with care, carefully

cumplir (con) to fulfill

dar to give; **dar de comer** to feed; **dar miedo** to frighten; **dar un beso** to (give a) kiss; **dar un paseo** to take a walk; **darse cuenta (de)** to realize; **darse prisa** to hurry up

de *prep.* of; from; by; **del** (*contraction of* **de** + **el**), **de la** of the; **de día** by day; **de noche** at night; nighttime; **de repente** suddenly; **de vez en cuando** from time to time

deber *v.* (+ *infin.*) should, ought to (*do something*)

deber *n. m.* duty

decir *irreg.* to say; to tell

dedo finger

dejar to leave; to abandon; to allow, let; **dejar** (+ *infin.*) to allow (*someone*) to (*do something*)

delgado/a thin

demasiado *adv.* too

demostrar (ue) to demonstrate

derribar to knock down; to demolish

derrota defeat

descansar to rest

desconocido/a *adj.* unknown

descubrir (*like* **cubrir**) to discover

desde *prep.* from; since; **desde que** *conj.* since

desear to desire, wish

desgranar to thresh

deslizarse (c) **por** to slide along

despedirse (*like* **pedir**) to say goodbye

despertarse (ie) to wake up

después *adv.* later; **después de** *prep.* after; **poco después** a bit later

detrás de *prep.* behind

día *m.* day; **al día siguiente**: the next day; **buenos días** good morning; **de día** by day; **todos los días** every day

diario/a *adj.* daily

dieciocho eighteen

diente *m.* tooth

dinero money

dios/diosa god/goddess; **Dios** God

discutir to discuss; to argue

disfrutar (de) to enjoy

disparar to shoot

divertido/a fun

divertirse (ie, i) to have fun

doce twelve

donde *adv.* where

¿dónde? where?

dormido/a asleep

dormir (ue, u) to sleep; **dormirse** to fall asleep

dos two; **los/las dos** both

dudar to doubt

dueño/a owner

durante during

durar to last

duro/a *adj.* hard; **duro** *adv.* hard, difficult

echarse a (+ *infin.*) to begin (*doing something*)

ejército army

embrujado/a bewitched

emocionado/a excited

emparejar to match

empezar (ie) (c) to begin; **empezar a** (+ *infin.*) to begin to (*do something*)

en in; on; at; **en cuanto** as soon as; **en punto** exactly; on the dot

enamorado/a (de) in love (with)

enamorarse to fall in love

encantado/a haunted; bewitched

encanto spell

encontrar (ue) to find

enemigo enemy

enfrentarse to face, confront

enfrente *adv.* in front

enfriar (enfrío) to cool off

engañar to deceive

enjambre *m.* swarm

enojado/a angry

enseñar to teach; to show

entonces then

entre between; among

envenenado/a *adj.* poisoned

enviar (envío) to send

escalera stairway, stairs

escoger (*like* **coger**) to choose

esconder(se) to hide

escribir (*p.p.* **escrito**) to write

escuchar to listen (to)

ese/a *adj.* that; *pron.* that (one)

esforzarse (ue) (c) to make an effort

eso *pron.* that, that thing, that fact; **por eso** that's why

esos/as *adj.* those; *pron.* those (ones)

espacio en blanco blank (space)

español(a) *n.*; *adj.* Spanish

espera wait

esperar to wait (for); to hope

espiar (espío) to spy

espina thorn; splinter

esposo/a husband/wife

estar *irreg.* to be; **estar a punto de** (+*infin.*) to be on the verge of (*doing something*); **estar de acuerdo** to agree; **estoy bien** I'm fine

este/a *adj.* this; *pron.* this (one)

esto *pron.* this; this thing, this fact

estos/as *adj.* these; *pron.* these (ones)

éxito success; **tener éxito** to be successful

explicar (qu) to explain

explotar to exploit

extraño/a *n.* stranger; *adj.* strange

fauces *f. pl.* jaws (*fig.*)

favor *m.* favor; **por favor** please

felicidad *f.* happiness

feliz (*pl.* **felices**) happy

feo/a ugly

feroz (*pl.* **feroces**) fierce, ferocious

fin *m.* end; **por fin** finally

fingir (j) to feign, pretend

flecha arrow

flor *f.* flower

fondo bottom

fresco/a fresh

frío *n.* cold; **hacer frío** to be cold (*weather*); **tener frío** to be cold (*person*)

fuego fire

fuerte strong

fuerza strength

gallina chicken

ganar to win

gato/a cat

gordo/a *adj.* fat

gracias *interj.* thank you; *n., f. pl.* thanks; **bien, gracias** *interj.* fine, thanks; **muchas gracias** thanks a lot

gran, grande big, large; great

granero grainery

grillo cricket

gritar to yell, shout, scream

grueso/a thick

guapo/a good-looking

guaraní *n. m.* (*pl.* **guaraníes**) Guarani (*indigenous language of Paraguay*); *n. m., f., adj.* (*someone*) *belonging to the indigenous Guarani culture of Paraguay*

guerrero/a soldier

guisante *m.* pea

gustar to be pleasing

haber *irreg.* (*infin. of* **hay**) to have (*auxiliary*); to be; to exist; **había una vez** once upon a time

hablar to speak, talk

hacer *irreg.* (*p.p.* **hecho**) to do; to make; **hace años (mucho tiempo)** years (a long time) ago; **hacer sol (buen tiempo/frío)** to be sunny (nice weather/cold [weather]); **hacerle caso** to pay attention (*to someone*) hacia toward; hacia atrás back, backward

hada *f.* (*but* el hada) fairy; cuento de hadas fairy tale; hada madrina fairy godmother

hambre *f.* (*but* el hambre) hunger; tener hambre to be hungry

harina flour

hasta *prep.* up to, until; *adv.* even; hasta pronto see you soon; hasta que *conj.* until

hay (*from* haber) there is, there are; hay que (+ *infin.*) one has to (*do something*)

hechizado/a bewitched

hermanastro/a stepbrother/stepsister

hermano/a brother/sister

hermoso/a beautiful

herramienta tool

hervir (ie, i) to boil

hijastro/a stepson/stepdaughter

hijo/a son/daughter; *m. pl.* children; sons; sons and daughters

hocico mouth and nose of an animal (*muzzle, nose, snout*)

hoja leaf

hombre *m.* man

hombro shoulder

hondo/a deep

honrado/a honest

hora hour; a la hora de la comida at mealtime

hoy today

huerta garden

huir (y) to flee; to escape

hundirse to sink

importar to be important

incaico/a *adj.* Incan

increíble unbelievable

infeliz (*pl.* infelices) unhappy

intentar (+ *infin.*) to try to (*do something*)

inundación *f.* flood

inundar to flood

ir *irreg.* to go; ir a (+ *infin.*) to be going to (*do something*); irse to leave

jardín *m.* garden

jefe, jefa boss

joven *n. m., f.* youth; *adj.* young

joyas *pl.* jewelry

juez *m., f.* (*pl.* jueces) judge

jugar (ue) (gu) to play (*a sport*)

juguete *m.* toy

juntar to join

junto/a together

justo/a fair

lado side; al lado de next to

ladrillo brick

lagarto lizard

lago lake

largo/a long

lavar to wash

lección *f.* lesson

leer (y) to read

lejano/a distant

lejos far away

lento/a slow

leñador(a) woodcutter

levantar to lift; levantarse to get up

libre free

limpiar to clean

lindo/a pretty

listo/a ready

llama flame

llamar to call; llamarse to be called, be named

llano *n.* plain

llave *f.* key

llegar (gu) to arrive; llegar a ser to become

llenar to fill; llenarse to fill up

lleno/a full

llevar to wear; to take (*someone or something somewhere*); to carry

llorar to cry

lluvia rain

lo *adj.* the + *adj.* part, thing; lo que that which, what

lobo wolf

locura madness; folly

lograr to achieve, attain

lomo back; loin

luego then

lugar *m.* place

lujo: de lujo *adj.* luxury

luna moon

madera wood

madrastra stepmother

madrina godmother; hada (*f.* [*but* el hada]) madrina fairy godmother

maíz *m.* corn

mal *n. m.* evil; *adv.* badly

mal, malo/a *adj.* bad; de mal humor in a bad mood

mandar to send; to order (*someone to do something*)

manera manner, way

mano *f.* hand

mañana *n.* morning; *adv.* tomorrow; por la mañana in the morning

mapache *m.* raccoon

maquillado/a made up

maquillarse to put on makeup

mar *m., f.* sea

maravilla wonder, marvel

maravilloso/a marvelous

marido husband

mariposa butterfly

más more; más que nada more than anything

matar to kill

mate *m.*: yerba mate maté (*herbal tea*)

maullar to meow

mayor older; oldest; main

mediano/a medium; average

medianoche *f.* midnight

medio/a half

mejor *adj., adv.* better; *adj.* best

menos: a menos que unless

mensajero/a messenger

merecer(se) (zc) to deserve

merendar (ie) to have a snack

mes *m.* month

mesa table

meter to put; meterse to get into

miedo fear; dar miedo to frighten; tener miedo to be afraid

miel *f.* honey

mientras while

mil thousand, one thousand

mirar to look at, watch

mismo/a *pron.* same (one); *adj.* same; self; aquí mismo right here; sí mismo/a oneself

moler (ue) to grind

montaña mountain

moraleja moral, lesson

moribundo/a dying

morir(se) (ue, u) (*p.p.* muerto) to die

mostrar (ue) to show

mucho *adv.* a lot

mucho/a *adj.* much, a lot of; *pl.* many; hace mucho tiempo a long time ago; muchas gracias thanks a lot

muerte *f.* death

muerto/a (*p.p. of* morir) *n.* dead person; *adj.* dead

mujer *f.* woman

mundo world

muy very

nada nothing; más que nada more than anything

nadar to swim

nadie no one, nobody, not anybody

nariz *f.* (*pl.* narices) nose

necesitar to need

negro/a: ponerse negro to become dark

ni...ni neither . . . nor

niño/a boy/girl; child; *pl.* children

no no; not

nobleza nobility

noche *f.* night; de noche at night; nighttime; por la noche in the evening; at night

nombre *m.* name

noticia(s) news

nube *f.* cloud

nuestro/a *poss.* our

nuevo/a new; de nuevo again

nunca never

o or; o...o either . . . or
obra work
ocupado/a busy
oído (inner) ear
oír *irreg.* to hear
ojo eye
olla pot
olvidar to forget; olvidarse (de) to forget
oreja (outer) ear
orgulloso/a proud
orilla bank, shore
oro: de oro golden
orquídea orchid
oscurecer (zc) to darken
oscuro/a dark
oso/a bear
otro/a other; another; otra vez again
padre *m.* father; priest; *pl.* parents
paja straw; casa de paja straw house
palabra word
palo stick; casa de palos stick house
pan *m.* bread
panza belly
papa potato
par *m.* pair
para for; para (+ *infin.*) in order to (*do
    something*); para que in order that;
    para siempre forever
parecer (zc) to look, seem
pared *f.* wall
pareja pair, couple; partner
parte *f.* part; por todas partes
    everywhere
pasado/a *adj.* past; having passed
pasar to pass; to happen; to spend (*time*)
pasear to go for a walk; to take a ride
paseo walk, stroll; dar un paseo to take a
    walk
pastel *m.* cake
pasto grazing; pasture; fodder
pata leg; foot; hoof; paw
pato duck
pavo turkey
paz *f.* (*pl.* paces) peace
pedazo piece
pedir (i, i) to ask for, request
peinarse to comb one's hair
peligroso/a dangerous
pelo hair
pelota ball
peludo/a hairy
pensar (ie) to think; pensar en to think
    about (*something, someone*); pensarlo
    to think about it
pequeño/a small
perder (ie) to lose; perderse to get lost
perdonar to forgive, excuse
pero but
perro/a dog

personaje *m.* character (*fictional*);
    personaje principal main character
pez *m.* (*pl.* peces) (live) fish
pico beak
pie *m.* foot
piel *f.* skin; leather
pierna leg
piso floor
planchar to iron
plato plate; dish
playa beach
poblar (ue) to populate
pobre poor
pobreza poverty
poco/a little; *pl.* few; al poco tiempo in
    a little while; poco a poco little by
    little; poco después a bit later; un
    poco a little; un poco de a little
    (bit of)
poder (ue) to be able; poder + (*infin.*) to
    be able to (*do something*)
poner *irreg.* to put, place, set; ponerse to
    put (*clothing*) on; ponerse negro to
    become dark
por by; through; because of; for; on; on
    account of; por aquí around here; por
    delante in front; por eso that's why;
    por favor please; por fin finally; por la
    mañana/tarde/noche in the
    morning/afternoon/evening/at night;
    por todas partes everywhere
¿por qué? why?
porque because
posar to put/lay down; to rest
pozo *n.* well
prado meadow
pregunta question
preguntar to ask
premio prize
preocupado/a worried
primer, primero/a first
primo/a cousin
príncipe *m.* prince
prisa: darse prisa to hurry up; tener
    prisa to be in a hurry
probar (ue) to try; to taste; probarse to
    try on (*clothing*)
prometer to promise
pronto soon; hasta pronto *interj.* see you
    soon
proteger (j) to protect
puerta door; tocar a la puerta to knock
    at the door
pues...*interj.* well . . .
punto: estar a punto de (+ *infin.*) to be
    on the verge of (*doing something*); en
    punto exactly; on the dot
que that, which; than; así que so (that),
    with the result that; hasta que until; lo

que that which, what; para que in
    order that; ya que since
¿qué? what?
quedar(se) to remain, stay; to get left
    behind; to fit; to be
querer *irreg.* to want; to love
querido/a *n.* dear, beloved; *adj.* dear
queso cheese
quien(es) who, whom
¿quién(es)? who?, whom?
raíz (*pl.* raíces) root
rana frog
rascar (qu) to scratch
rato little while, short time
ratón *m.* mouse
razón *f.*: tener razón to be right
recámara bedroom
recoger (*like* coger) to pick up, gather
recompensar to reward
reconocer (*like* conocer) to
    recognize
recordar (ue) to remember
red *f.* net
regalo gift
regar (ie) (gu) to water (*plants*)
regresar to return (*to a place*)
reina queen
reino kingdom
relato account, story
reloj *m.* clock; watch
repente: de repente suddenly
respirar to breathe
retroceder to go back
rey *m.* king
rico/a rich; delicious
río river
riqueza wealth
rizo curl
rodar (ue) to roll
rojo/a red
romper (*p.p.* roto) to break
ropa clothing
ruego request
rugido roar, bellow
rugir (j) to roar, bellow
saber *irreg.* to know; to find out about;
    saber (+ *infin.*) to know how to (*do
    something*)
sabiduría wisdom
sabio/a wise, learned
sabroso/a tasty
sacar (qu) to take out
saco sack, bag
salir *irreg.* to leave, go out
salón *m.* dance hall
salpicar (qu) to splash; to splatter
saltar to jump
saludar to greet
saludo greeting

salvar to save (*from danger*)

salvo: a salvo safe, out of danger; a salvo de safe from

secar (qu) to dry; secarse to dry off

seco/a dry

sed *f.* thirst; tener sed to be thirsty

seguir (i, i) (g) to follow; to continue; seguir + -ndo to go on, keep (*doing something*)

segundo/a second

semana week

sembrar (ie) to sow

semilla seed

sencillo/a simple

sentado/a seated

sentarse (ie) to sit down

sentir (ie, i) to feel

séptimo/a seventh

sequía drought

ser *n. m.* being; ser humano human being

ser *v. irreg.* to be; es verdad it's true; llegar a ser to become

si if

sí yes

sí *pron.*: en sí in itself; sí mismo/a oneself

siempre always; para siempre forever

siguiente next; following; al día siguiente the next day

silla chair

simpático/a nice

sin without

sino *conj.* but (rather)

sobre on, on top of; above; about

¡socorro! *interj.* help!

sol *m.* sun; hacer sol to be sunny

solamente *adv.* only

sólo *adv.* only

solo/a *adj.* alone

sombrero hat

sonar (ue) to sound, peal (*a bell, alarm*)

sopa soup

soplar to blow

sorprender to surprise

suave soft

subir to rise; to go up; subir a to board, climb into

sucedido/a happened, occurred

sucio/a dirty

suelo floor

sueño dream

tal vez perhaps

también also

tampoco neither, not either

tan so; tan...como as . . . as

tanto *adv.* so much; as much; tanto como as much as

tanto/a *adj.* so much

tarde *n. f.* afternoon; *adv.* late

té *m.* tea

techo roof

temblar (ie) to tremble

temer to fear

temporada season

tener *irreg.* to have; tener éxito (frío/hambre/miedo/prisa/razón/sed) to be successful (cold/hungry/afraid/in a hurry/right/thirsty); tener que (+ *infin.*) to have to (*do something*)

tercer, tercero/a third

terminante categorical; conclusive

terminar to finish, end; terminar de (+ *infin.*) to finish (*doing something*)

testigo *m., f.* witness

tiempo time; weather; al poco tiempo in a little while; hacer buen tiempo to be nice weather; hace mucho tiempo a long time ago

tierno/a tender

tierra earth; land

tocar (qu) to touch; tocar a la puerta to knock at the door; tocarle a alguien to be someone's turn

tocino bacon

todavía still, yet

todo/a all, every; *pl.* everyone; por todas partes everywhere; todos los días every day

tomar to take; to drink; to eat

toparse con to bump into

tormenta storm

tostar (ue) to burn; to roast

trabajar to work

trabajo work; job

traer *irreg.* to bring

traicionar to betray

tras *prep.* after

trasero/a *adj.* back

tratar to treat; tratar de (+ *infin.*) to try to (*do something*)

tres three

trigo wheat

triste sad

tristeza sadness

u or (*used instead of o before words beginning with o or ho*)

último/a last

un, uno/a *indefinite article* a, an; one; *pl.* some; cada uno/a each one; un poco a little; un poco de a little (bit of); una vez once, one time

unirse to join

uva grape

vacilar to hesitate

valer *irreg.* to be worth; to cost

varita wand

vaso (drinking) glass

vela candle

venado deer

vencer (z) to conquer

venir *irreg.* to come

ventana window

ver *irreg.* to see; to watch

verdad *f.* truth; es verdad it's true

verde green

verduras *pl.* vegetables

vestido *n.* dress

vestir (i, i) to dress; vestirse to get dressed

vez *f.* (*pl.* veces) time; de vez en cuando from time to time; érase una vez once upon a time; había una vez once upon a time; otra vez again; tal vez perhaps; una vez once, one time

viaje *m.* trip

vida life

viejo/a old

vino wine

vista: alzar la vista to look up, raise one's eyes

vivir to live

volar (ue) to fly

volver (ue) (*p p.* vuelto) to return

voz *f.* (*pl.* voces) voice

vuelto (*p.p.* of volver) returned

y and

ya already; now; ya no no longer; ya que since

yerba mate maté (*herbal tea*)

zapatilla slipper; zapatilla de cristal glass slipper

zapato shoe

zarigüeya opossum

zorro/a fox